AF243163

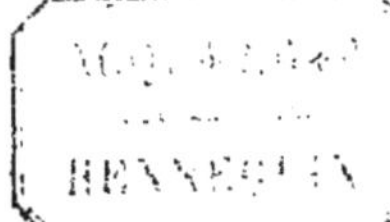

LISTE

DE LA SECTION

DES TUILERIES.

LISTE
DES CITOYENS ACTIFS ET ÉLIGIBLES
DE LA SECTION DES TUILERIES.

LIMITES DE CETTE SECTION.

La rue S. Honoré à droite : depuis la rue Royale jufqu'à la rue Froidmanteau , la rue Froidmanteau à droite de la rue S. Honoré à la riviere : le bord de la rivere jufqu'au Pont de Louis XVI : le côté droit de la Place Lonis XV , la rue Royale à droite jufqu'à la rue S. Honoré.

INTÉRIEUR.

La rue S. Florentin , les Tuileries , la place du Carroufel , les rues du Dauphin , de l'Echelle , S. Louis , du Caroufel , S. Nicaife , des Orties , du Doyenné , S. Thomas-du-Louvre , la partie de la place du Palais Royal , à droite en allant à la rue de Chartres , depuis le coin de la rue S. Honoré , jufques & compris le Château-d'Eau , au coin de la rue Froidmanteau , les rues de Chartres , de Rohan , &c. , & généralement toutes les rues , culs-de-facs , places enclavés dans cette limite. *Décret du 22 Juin 1790.*

Conditions requifes pour jouir des droits de Citoyen actif, fuivant les Décrets de l'Affemblée Nationale , des 14 Décembre 1789 , 22 Janvier 1790 , &c.

1°. Etre François ou devenu François.

2°. Etre majeur de 25 ans.

3°. Etre domicilié de fait dans le lieu , au moins depuis un an.

4°. Payer 3 liv. d'impôt direct , c'eft-à-dire , de taille , de capitation , de décimes , de vingtiémes , rachat de corvées , dixieme denier fur les offices , ou taxes payées pour la garde.

5°. N'être point dans l'état de domefticité , c'eft-à-dire , de ferviteur à gages.

6°. N'être ni banqueroutier , ni failli , ni débiteur infolvable.

7°. Avoir payé fa quote-part des dettes de fon pere , lorfqu'on a reçu ou qu'on retient une portion quelconque de fes biens , à tel titre que ce puiffe être ; à moins que l'enfant marié n'ait touché cette portion de biens pour fa conftitution dotale , avant la faillite ou l'infolvabilité de fon pere , notoirement connue.

8°. Avoir fait fa contribution patriotique , quand on a plus de 400 liv. de revenu.

9°. Avoir fait le ferment civique.

Les Affemblées des 48 Sections feront indiquées pour le même jour & à la même heure ; on ne s'y occupera d'aucune autre affaire que des élections & preftations de ferment civique. Ces Affemblées fe continueront auffi à la même heure les jours fuivans fans interruption ; mais un fcrutin commencé fe terminera fans défemparer. *Article 11 des Décrets fur la Municipalité de Paris.*

OBSERVATIONS.

Ceux qui font exclus des Affemblées primaires, pour n'avoir pas payé leurs dettes perfonnelles, ou celles de leur pere, quand ils en ont reçu quelque portion de biens, font ceffer cette exclufion du moment qu'ils prouvent avoir fatisfait leurs créanciers ou ceux de leur pere. *Article 7 du Décret du 22 Janvier 1790, Section premiere.*

Nul Citoyen ne peut exercer fon droit de Citoyen actif en plus d'un endroit, ni fe faire repréfenter par perfonne. *Article 9 du même.*

Pour être Citoyen actif dans un endroit, il n'eft pas néceffaire de payer un impôt direct en cet endroit; il fuffit de le payer en quelque partie du Royaume que ce foit. *Article 2 du Décret du 2 Février 1790.*

Les Citoyens qui ont rempli les conditions prefcrites par les Décrets, ne doivent être ni injuriés, ni maltraités, ni exclus des Affemblées primaires, fous aucun prétexte que ce puiffe être. *Décret du 22 Mai 1790. &c.*

Dans cette année feulement, la quittance de la contribution patriotique doit tenir lieu d'impofition directe aux Maîtres, Profeffeurs & Principaux des Colléges de Paris, pour exercer le droit de Citoyens actifs, fi, d'ailleurs, ils réuniffent les autres conditions requifes. *Decret fur la Municipalité de Paris.*

Les Intendans ou Régiffeurs, les ci-devant Feudiftes & les Secrétaires, ne font point réputés domeftiques ou ferviteurs à gages, s'ils ont d'ailleurs fatisfait aux autres conditions exigées. *Article 7 du Décret du 26 Juin 1790.*

Le domicile de fait d'une année n'eft pas néceffaire pour les Curés ou pour les Evèques. *Avis du Comit. de Conft.*

La banqueroute, la faillitte ou l'infolvabilité ne peut être un motif d'exclufion, qu'autant qu'elle eft duement prouvée. (*Idem.*)

Les Vingtiemes retenus par les débiteurs d'une rente, font cenfés une impofition directe au nom du créancier; il en eft de même du centieme denier payé par les titulaires d'offices, & des taxes payées pour la garde. (*Idem.*)

Ceux qui ont fervi dans la garde, & fe font habillés à leurs frais, doivent jouir des droits de Citoyen actif, quoique logés en chambre ou hôtel garni, pourvu qu'ils réfident depuis un an dans l'étendue de la Section, qu'ils faffent le ferment civique, & qu'ils n'aient pas de domicile ailleurs. (*Idem.*)

Les Vicaires & les Prêtres habitués qui étoient acquittés des décimes par les Fabriques, doivent jouir des droits de Citoyens actifs. (*Idem.*)

Il en eft de même par rapport aux Chanoines qui étoient acquittés de cet impôt par leurs corps. (*Idem.*)

A l'égard des Religieux, ils ne peuvent jouir du droit de Citoyen actif, qu'autant qu'ils ont ufé du droit de fortir de leurs cloîtres. (*Idem.*)

Les fils de famille, à qui le pere a donné ou une propriété, ou une dot par le contrat de mariage d'un feul ou de plufieurs d'entr'eux, font cenfés payer une partie de l'impofition directe qui fe trouve fur les têtes du pere, de l'aîné des enfans, de l'ufufruitier, ou du chef quelconque de la famille. (*Idem.*)

Conditions pour être Eligible aux fonctions Electorales.

1°. Réunir toutes les conditions requifes pour être Citoyen actif.
2°. Payer 10 liv. au moins d'impôt direct.
3°. Demeurer dans l'arrondiffement de la Section.

OBSERVATIONS.

Les non-catholiques, qui ont d'ailleurs rempli toutes les conditions prefcrites par l'Affemblée Nationale, font éligibles fans difficulté. *Décret du 24 Décembre 1789.*

Ceux qui étoient inéligibles pour caufe de banqueroute, de faillite, ou d'infolvabilité, deviennent éligibles du moment qu'ils juftifient avoir payé leurs créanciers. *Art 7 du Décret du 22 Janv. 1790.*

On ne peut oppofer à l'éligibilité d'un Citoyen, d'autres motifs d'exclufion que ceux qui réfultent des Décrets conftitutionnels. *Même Décret & Inftruction.*

Conditions requifes pour être éligible aux Adminiftrations de Diftrict & de Département.

1°. Réunir toutes les conditions néceffaires pour être Citoyen actif.
2°. Payer 10 liv. au moins d'impôt direct.
3°. N'être prépofé à la perception d'aucun impôt indirect.
4°. Ne point être Membre du Corps Municipal.
5°. N'être ni Evèque ni Curé.
6°. N'être Membre du Département.

OBSERVATIONS.

Les Contrôleurs des Actes, Directeurs des Domaines, les Entrepofeurs de Tabac & les Regratiers, ne font pas mis au nombre des Prépofés à la perception des impôts indirects. *Avis du Com. de Conft.*

Il en eft de même des cautions des adjudicataires des octrois, quand ils ne font pas affociés. (*Idem.*)

Les impôts indirects font ceux qui font affis fur la fabrication, la vente, le tranfport & l'introduction de plufieurs objets de commerce & de confommation, tels que les droits d'aides, d'entrées, &c. (*Idem.*)

Conditions pour être éligible à la place de Juge de Paix d'une Section.

1°. Réunir toutes les conditions néceffaires pour être éligible aux Adminiftrations de Diftrict & de Département.
2°. Etre Membre de la Section.
3°. Avoir trente ans accomplis.

Condition pour être éligible à la place de Notable-Affeffeur de Juge de Paix.

Etre Citoyen *Actif* de la Section.

Conditions pour être éligible à la place de Commissaire de Police & à celle des seize Commissaires de Section.

1°. Réunir toutes les conditions nécessaires pour être Citoyen actif.

2°. Payer 10 liv. au moins d'impôt direct.

3°. Etre Membre de la Section.

4°. N'être préposé à la perception d'aucun impôt indirect.

Conditions pour la validité des Scrutins.

1°. Il faut que chaque Bulletin soit écrit par le Citoyen lui-même, s'il sait écrire; ou s'il ne le sait, par l'un des trois Scrutateurs, en présence des deux autres.

2°. Il faut que chaque *Scrutin* soit écrit dans l'Assemblée, même sur le Bureau par elle indiqué ; faute de quoi rejetté comme nul. *Décrets des 3 Février & 28 Mai 1790.*

Indépendamment du serment civique, le Président de l'Assemblée prononcera, avant de commencer les *Scrutins*, cette formule de serment :

« Vous jurez & promettez de ne nommer que ceux que vous » aurez choisis en votre ame & conscience, comme les plus » dignes de la confiance publique, sans avoir été déterminés » par dons, promesses, sollicitations ou menaces ».

Cette formule sera écrite en caracteres très-visibles, & exposée à côté du vase du *Scrutin.* Chaque Citoyen apportant son billet, levera la main, & en le mettant dans le vase, prononcera à haute voix : « Je le jure ». *Art.* 4. *Décret du 28 Mai.*

OBSERVATIONS.

Il y a trois sortes de *Scrutin* ; savoir, le *Scrutin* de liste individuelle, le *Scrutin* de liste simple, & le *Scrutin* de liste double.

Le *Scrutin* de liste individuelle, c'est celui par lequel l'on vote séparément sur chacun des sujets à élire en recommençant autant de *Scrutins* particuliers, qu'il y a de nominations à faire.

Le *Scrutin* de liste simple, est celui par lequel on vote à la fois sur tous les sujets à élire, en écrivant autant de noms dans le même billet, qu'il y a de nominations à faire.

Le *Scrutin* de liste double est celui par lequel non-seulement chaque Electeur vote à la fois sur tous les sujets à élire, mais encore désigne un nombre de sujets double de celui des places à remplir, en écrivant dans le même billet un nombre de noms double de celui des nominations à faire.

Police des Assemblées Primaires.

1°. On n'y doit porter aucune épée, armes, ni bâtons; & ceux qui en ont, doivent les déposer à la porte de l'Assemblée.

2°. Tout Citoyen qui s'y porte à des violences, y fait des menaces, y engage à des actes de révolte, en exclut ou propose d'en exclure quelque Citoyen, reconnu pour Citoyen actif, sous le prétexte de son état, de sa profession, & sous tout autre prétexte, doit être jugé à l'instant par l'Assemblée, condamné à se retirer & privé de son droit de suffrage.

LISTE

DES CITOYENS ACTIFS ET ÉLIGIBLES

DE LA SECTION DES TUILERIES.

A.

Enregif-
trement.

681 Abel, *Marchand Bonnetier*, cloître Saint-
Nicolas-du-Louvre.

208 Abinet, *ancien Bottier*, rue de Rohan, n°. 42.
Eligible.

225 Adam, *Marchand Chapelier*, rue Saint-Honoré.
n°. 403. *Eligible.*

353 Adenet, *Marchand Miroitier*, rue Saint-Louis.
Eligible.

44 Alizard, *Peintre*, rue S. Thomas - du - Louvre.
Eligible.

347 Ancelt, *Citoyen*, hôtel de Longueville.

450 André, *Employé au Bureau des Poſtes*, rue de
l'Echelle, n°. 11. *Eligible.*

420 Andriot, *Boulanger*, rue de Rohan. *Eligible.*

329 Arnoult, *Juré-Crieur*, rue Royale. *Eligible.*

377 Aubin, *Citoyen*, rue S. Honoré, n°. 458.

263 Auguſte fils, *Marchand Orfévre du Roi*, place
du Carrouſel. *Eligible.*

5 Aulnéy, *Maître Vitrier*, rue Saint-Nicaiſe, n°. 3.
Eligible.

B.

529 Baillard, *Marchand Fruitier*, rue Saint-Nicaiſe.
Eligible.

A

287 Baradeu, *Maître Perruquier*, rue de Rohan, n°. 37. *Eligible.*

676 Baron, *Marchand Epicier*, rue de Rohan, n°. 38. *Eligible.*

533 Barneville, *Commissaire des Guerres*, place du Palais Royal. *Eligible.*

611 Baseilhac, *Maître Chirugien*, rue Saint-Honoré, n°. 475. *Eligible.*

503 Beaugrand, *Écrivain*, rue S. Honoré, n°. 536. *Eligible.*

481 Beauregard, *Chirurgien*, rue de Valois, n°. 58.

349 Bégé, *Courtier du Roi*, rue des Orties. *Eligible.*

575 Bégot, *Boulanger*, rue S. Nicaise. *Eligible.*

494 Bellanger, *Marchand de Vin*, rue S. Nicaise. *Eligible.*

465 Bédouet, *Marchand Fruitier*, rue de Rohan, n°. 18.

125 Beloc, *Maître Maréchal*, rue S. Thomas-du-Louvre. *Eligible.*

548 Belcourt, *Citoyen*, rue S. Nicaise. *Eligible.*

534 Beldon, *Marchand Epicier*, rue de Rohan, n°. 66.

516 Bellorgot, *ancien Traiteur*, rue Froidmanteau, n°. 9. *Eligible.*

56 Belion, *Citoyen*, rue de Chartres, n°. 71. *Eligible.*

362 Benard, *Citoyen*, rue S. Honoré, n°. 420. *Eligible.*

340 Benoiton Château-neuf, *Avocat*, rue des Orties. *Eligible.*

378 Bentabolle, *Commis*, hôtel Longueville. *Eligible.*

421 Berbik, *Marchand Bourfier*, rue S. Nicaise.

119 Berger, *Citoyen*, rue de l'Echelle. *Eligible.*

556 Berger, *Marchand Papetier*, rue S. Honoré. *Eligible.*

300 Bernier, *ancien Epicier*, rue de l'Echelle, n°. 17.

110 Bernier, *Tailleur d'Habits*, rue Saint - Honoré, n°. 473.

184 Bernard, *Tailleur d'Habits*, rue de Rohan, n°. 27. *Eligible.*

36 Berthemy, *Intendant de la Maison de Noailles,* rue S. Honoré. *Eligible.*

33 Bertrand, *Maître Perruquier,* rue du Doyenné, n°. 24. *Eligible.*

203 Berthaut, *Maître Chandelier,* rue S. Thomas-du-Louvre. *Eligible.*

235 Berthier, *Maître Perruquier,* rue Saint-Honoré, n°. 432. *Eligible.*

328 Bervick, *Graveur du Roi,* galerie du Louvre. *Eligible.*

521 Berthier, *Marchand Parfumeur,* rue de Valois.

554 Bertaux, *Citoyen,* rue Royale, n°. 17.

568 Berville, *Citoyen,* rue de Chartres.

122 Betoul, dit Dubois, *Maître Tailleur,* rue S. Nicaise.

469 Beully, *Marchand Parfumeur,* rue S. Nicaise.

147 Bichet, *Garde des Archives de M. le Duc d'Orléans,* rue de Chartres. *Eligible.*

399 Bienais, *Maître Tabletier,* rue Saint - Honoré, n°. 509. *Eligible.*

58 Bigot de Preameneu, *Avocat au Parlement,* rue du Dauphin. *Eligible.*

443 Bigot, *Citoyen,* rue du Dauphin, n°. 26.

271 Billard, *Citoyen,* rue S. Honoré, près S. Roch.

634 Billard, *Citoyen,* rue S. Honoré, n°. 520.

221 Billouard, *Maître Vitrier,* r. du Dauphin, n°. 9. *Eli.*

261 Bilot, *Tailleur d'Habits,* rue S. Nicaise.

83 Bizet, *Huissier-Priseur,* rue S. Honoré, n°. 448. *Eligible.*

117 Blanchard fils, *Marchand Gantier,* porte Saint-Honoré.

588 Blanchet, *Citoyen,* rue S. Louis. *Eligible.*

460 Blaye, *Marchand Papetier,* rue Saint-Honoré, n°. 443. *Eligible.*

341 Blondel, *Entrepreneur des Voitures de Sel,* rue S. Thomas-du-Louvre. *Eligible.*

650 Blondel, *Maître de Pension,* rue de Rohan. *Eligible.*

410 Bochaut, *Maître Tapissier*, rue S. Thomas-du-Louvre, n°. 33.   *Eligible.*

526 Boisseau, *Marchand Papetier*, rue Saint-Honoré, n°. 492.

39 Bougarel, *Marchand Epicier*, rue de Chartres. *Eligible.*

597 Bouillon de la Grange, *Caissier de la Monnoie des Médailles*, rue S. Thomas-du-Louvre. *Eligible.*

284 Bouin, *Marchand de Musique*, rue S. Honoré, n°. 504.   *Eligible.*

58 Bonjour, *premier Commis de la Marine*, rue Royale, n°. 17.   *Eligible.*

471 Bonnar, *Menuisier*, rue S. Honoré, n°. 492. *Eligible.*

656 Bonnot, *Marchand de Soie*, rue S. Nicaise, n°. 9.

332 Bouquerel, *Maître Menuisier*, rue du Dauphin.

326 Bourel, *Avocat*, rue de Chartres.   *Eligible.*

246 Bourgoin, *Citoyen*, rue de Valois, n°. 58. *Eligible.*

645 Boutarel, *Citoyen*, rue S. Honoré, n°. 513.

237 Boutillier, *Marchand Mercier*, cour du Manège. *Eligible.*

258 Brice, *Maître Perruquier*, rue de Rohan, n°. 20. *Eligible.*

198 Briouville, *Citoyen*, rue S. Thomas-du-Louvre.

88 Brissault, *Citoyen*, rue S. Honoré.

91 Brocard, *Commis des Finances*, cul-de-sac du Doyenné.   *Eligible.*

164 Brun, *Maître Cordonnier*, rue de Rohan. *Eligible.*

346 Brun de Maison-Forte, *Citoyen*, cul-de-sac du Doyenné, n°. 15.   *Eligible.*

50 Buache, *premier Géographe du Roi*, galerie du Louvre.   *Eligible.*

11 Bugleau, *Entrepreneur de Ramonages*, rue Froid-manteau.   *Eligible.*

(5)

C.

419 Cabaſſet, *Marchand de vin*, rue S. Nicaiſe.   *El.*

459 Cahouet, *Citoyen*, rue S. Honoré, n°. 473.

211 Calyppe, *Maître Serrurier*, rue du Dauphin, n°. 8.

519 Cantin, *ci-devant Marquis de Chancenet*, aux Tuileries.   *Eligible.*

301 Capon, *Citoyen*, rue S. Honoré, n°. 475.

42 Carteron de Barmont, *Chef du Bureau de la Régie*, rue S. Thomas-du-Louvre, n°. 51.   *Elig.*

7 Caſtan, *Citoyen*, rue du Dauphin, n°. 6.   *El.*

331 Caſtel, *Notaire*, rue S. Honoré.   *Eligible.*

397 Caublot, *Marchand de vin*, rue S. Thomas-du-Louvre.   *Eligible.*

290 Cavé d'Haudicourt, *Maître des Comptes*, cul-de-ſac du Doyenné.   *Eligible.*

451 Caumont, *Tapiſſier*, rue S. Honoré, n°. 444. *El.*

463 Cauſart, *Maître Horloger*, rue de Rohan, n°. 21.
                                                Eligible.

473 Cauſin, *Citoyen*, rue Royale, n°. 19.

637 Chaillet, *Maître Perruquier*, rue S. Nicaiſe, n°. 12.
                                                Eligible.

667 Chambellan, *Marchand Limonadier*, rue du Petit-Carouſel, n°. 637.   *Eligible.*

243 Changet, *Logeur*, rue S. Thomas-du- Louvre.
                                                Eligible.

539 Chappier, *Maître Serrurier*, Marché des Quinze-Vingts.   *Eligible.*

32 Chapuys, *Citoyen*, rue du Dauphin, n°. 6.

73 Charbonnier, *Marchand Bonnetier*, rue Saint-Honoré, n°. 419.   *Eligible.*

517 Charles, *de l'Académie des Sciences*, Place du Palais Royal.   *Eligible.*

424 Charlon, *Négociant*, rue de Valois, n°. 83.

172 Charpentier, *ancien Huiſſier de la Chambre du Roi*, rue de Beaujolois, n°. 78.   *Eligible.*

128 Chaulin, *Architecte*, rue du Doyenné, n°. 4.
Eligible.

543 Cheron, *Avocat*, rue S. Thomas-du-Louvre, n°. 26. *Eligible.*

304 Chesnier, *Citoyen*, rue S. Honoré, n°. 473.

31 Chevalier, *Maître Tailleur d'habits*, rue Saint-Thomas-du-Louvre. *Eligible.*

462 Cheyrac, *Citoyen*, rue S. Nicaise.

498 Cholet, *Conservateur des Hypotheques*, rue Royale, n°. 17. *Eligible.*

189 Choquet, *Citoyen*, rue S. Thomas-du-Louvre, n°. 47. *Eligible.*

532 Clarac, *ancien Chirurgien*, rue S. Nicaise, n°. 35. *Eligible.*

553 Clément, *Maître Tailleur*, rue S. Nicaise, n°. 39. *Eligible.*

264 Clément, *Citoyen*, cloître S. Thomas-du-Louvre. *Eligible.*

242 Cleret fils, *Maître Perruquier*, rue S. Thomas-du-Louvre. *Eligible.*

515 Collé, *ancien Conseiller au Conseil Supérieur de Pondichery*, rue S. Thomas-du-Louvre, n°. 15. *Eligible.*

241 Colombier, *Citoyen*, rue S. Thomas-du-Louvre.

430 Colon, *Américain*, Galeries du Louvre. *Elig.*

603 Conbert, *Citoyen*, rue S. Honoré, n°. 458.

4 Connor, *Maître Maçon*, rue de Montpensier, n°. 59. *Eligible.*

633 Copineau, *Chanoine de S. Louis-du-Louvre*, rue Froidmanteau, n°. 16. *Eligible.*

380 Corbin, *Maréchal-de-Logis de Monsieur*, rue de l'Echelle, n°. 17. *Eligible.*

423 Cordelle, *Citoyen*, rue de Valois, n°. 46.

152 Cornu, *ancien principal Clerc de M. Picquais, Notaire honoraire*, rue du Doyenné, n°. 27. *Elig.*

202 Cornu, dit Beaufort, *Marchand Mercier*, rue S. Honoré, n°. 418. *Eligible.*

250 Cofler, *Receveur des Domaines*, rue des Orties.
Eligible.

66 Coflis, *Citoyen*, rue du Dauphin, n°. 6. *Elig.*

477 Couvreur, *Tablettier*, rue S. Honoré, n°. 550.
Eligible.

352 Crepin, *Concierge au Château des Tuileries*, aux Tuileries.

323 Creffart, *Subftitut de la Cour des Monnoies*, rue de Chartres, n°. 87. *Eligible.*

564 Culhat, *Avocat*, rue S. Honoré, n°. 516. *Elig.*

D.

296 Daché, *Avocat en Parlement*, rue S. Honoré, n°. 398. *Eligible.*

649 Daigremont, *Négociant*, rue de Rohan, n°. 35. *Eligible.*

30 Dailly pere, *Marchand de drap*, rue S. Honoré, n°. 482. *Eligible.*

472 D'Alainval, *Marchand Ebénifte*, rue S. Honoré, n°. 474. *Eligible.*

344 D'Almont pere, *Marchand Boucher*, rue Saint-Nicaife, n°. 21.

492 D'Almont fils, *Marchand Boucher*, rue Saint-Nicaife, n°. 21.

433 D'Ambrieres, *ancien Maître Clerc de Notaire*, rue de Rohan, n°. 17.

8 D'Amême, *ancien Officier du Roi*, rue Saint-Thomas-du-Louvre, n°. 15. *Eligible.*

668 Daniel, *Graveur*, rue de Chartres, écuries d'Orléans. *Eligible.*

461 D'Armenien, *Maitre Chapelier*, rue S. Honoré, n°. 484. *Eligible.*

177 D'Arras, *Maitre Horloger*, rue Froidmanteau, n°. 17. *Eligible.*

593 Daffe, *Maitre Tailleur*, cul-de-fac du Doyenné, n°. 20. *Eligible.*

616 D'Aubas, *Secrétaire du Garde-Meubles*, au Garde-Meubles.

457 D'Aubigny (Vilain,) *Avocat en Parlement*, rue de Montpensier, n°. 60.   *Eligible.*

366 D'Audenfort, *Musicien*, rue S. Florentin.

598 Dauphin, *Citoyen*, rue S. Honoré, Hôtel d'Angleterre.   *Eligible.*

358 D'Avernon, *Directeur des Fermes*, Hôtel de Longueville.   *Eligible.*

3 David, *ancien Commis du Trésor Royal*, rue S. Nicaise, n°. 1.   *Eligible.*

120 D'Avignon fils, *Maitre Cordonnier*, rue Froidmanteau, n°. 8.   *Eligible.*

690 Debéhaigne, *Confiseur*, rue S. Honoré, n°. 450.

266 Decle, *Officier de la Maison du Roi*, rue de l'Echelle, n°. 3.   *Eligible.*

337 De Coigny, *ci-devant Marquis*, rue S. Nicaise.   *Eligible.*

338 De Coigny, *ci-devant Comte*, rue S. Nicaise.   *Eligible.*

339 De Coigny, *ci-devant Chevalier*, rue S. Nicaise.   *Eligible.*

613 De Côte, *Conseiller d'Etat*, Galeries du Louvre.   *Eligible.*

275 De Crecy, *Administrateur des Domaines*, au Garde-Meuble de la Couronne.   *Eligible.*

161 De Frexinville, *Chevalier de S. Louis*, rue Royale, n°. 17.   *Eligible.*

635 De Gouvernet, *Lieutenant Général de Bourgogne*, rue Royale, n°. 18.   *Eligible.*

333 De la Borde, *Fermier Général*, place du Carousel.   *Eligible.*

127 De la Briere, *Marchand Tapissier*, rue S. Louis, n°. 8.   *Eligible.*

576 De la Chatre, *Citoyen*, marché des Quinze-Vingts.

500 De la Corbiere, *Caissier des Affinages*, place du Carousel.   *Eligible.*

(9)

559 De la Cour, *Marchand Mercier*, rue S. Honoré,
n°. 531.   *Eligible.*

453 Delafitte, *Capitaine de cavalerie*, rue S. Nicaise,
n°. 11.

476 Delafontaine de Coincy, *Caiſſier du Tréſor Royal*,
rue S. Honoré, n°. 432.   *Eligible.*

70 Delafoſſe, *Graveur en taille douce*, rue du Ca-
rouſel.   *Eligible.*

156 Delaître, *Tailleur de l'Opéra*, rue S. Nicaiſe. *El.*

415 Delamadeleine, *Intendant des Finances de M.
d'Artois*, rue S. Honoré, n°. 398.   *Eligible.*

2 Delaroche, *Négociant*, rue de Rohan, n°. 17. *El.*

586 Delaſalle, *Citoyen*, rue S. Nicaiſe,   *Eligible.*

113 Delavigne, (des Champs) *Avocat en Parlement*,
rue S. Nicaiſe, n°. 81.   *Eligible.*

276 De l'Epinay, *Chanoine de S. Louis du Louvre*,
cloître S. Louis du Louvre,   *Eligible.*

268 Deliſle, *Marchand Tailleur*, rue S. Nicaiſe, n°. 8.
                                             Eligible.

646 Demay, *Citoyen*, rue l'Echelle, n°. 11. *Eligible.*

300 Demanne, *Géographe*, rue des Orties.

169 Denis, *Maître Perruquier*, rue S. Honoré, n°. 463.

363 Denoielle, *Maître Traiteur*, rue du Dauphin,
n°. 15.   *Eligible.*

38 Dennis, *Commis du contentieux des Fermes*, rue
S. Nicaiſe, n°. 1.   *Eligible.*

65 Deperrey, *Procureur au Châtelet*, rue S. Honoré,
n°. 510.   *Eligible.*

59 Depigis, *ancien Payeur des rentes*, rue du Doyenné, n°. 15.   *Eligible.*

134 Derrigny, pere, *Commis à la Régie générale*, rue
de Chartres.   *Eligible.*

135 Derrigny, fils, *Commis aux Fermes*, rue de Chartres.   *Eligible.*

74 Derrondel, *Marchand Chaircuitier*, rue Froidmanteau.   *Eligible.*

302 D'Eſcaves, *Citoyen*, rue S. Honoré, n°. 413.

581 Deschamps, *Citoyen*, rue de Rohan, n°. 16. *Elig.*

643 Deschamps, *Citoyen*, rue de Valois, n°. 50.

26 Desclarons, *Contrôleur des Fermes*, cloître S. Nicolas. *Eligible.*

496 Descombes, *Maître de musique*, rue Froidmanteau, n°. 23.

273 Desgosses, *Marchand de vin Traiteur*, aux Tuileries. *Eligible.*

427 Desgosses, *Citoyen*, rue S. Thomas-du-Louvre, n°. 13.

499 Deslandes, *Chevalier de S. Louis*, rue Froidmanteau, n°. 5. *Eligible.*

234 Desmarais, *Marchand Fruitier*, rue S. Honoré. *Eligible.*

478 Després, *Citoyen*, rue S. Honoré, n°. 418. *Elig.*

509 Després, *Commis chez M. d'Orléans*, rue S. Thomas-du-Louvre.

402 Despriés, *Conseiller honoraire au Châtelet de Melun*, rue des Orties. *Eligible.*

416 Desroques, *Marchand Limonadier*, rue de l'Echelle. *Eligible.*

406 D'Etape, *Maître Horloger*, rue Froidmanteau, n°. 17. *Eligible.*

228 Devarennes, *Citoyen*, rue S. Honoré, n°. 439. *Elig.*

651 De Verdiere, *Maréchal des Camps & Armées du Roi*, rue S. Honoré, n°. 492. *Eligible.*

557 De Villeneuve, *Chevalier de S. Louis*, rue S. Thomas-du-Louvre, n°. 44. *Eligible.*

17 De Vismes de S. Alphonse, *Fermier Général*, rue S. Honoré, n°. 429. *Eligible.*

146 De Vismes, *Chevalier de S. Louis*, rue S. Honoré, n°. 438. *Eligible.*

693 Dijon, *Maître Relieur*, cloître S. Nicolas. *Eligible.*

674 Dispot, *Maître Coutelier*, rue du Dauphin, n°. 7. *Eligible.*

226 Doazan, pere, *Fermier Général*, rue S. Honoré, n°. 449. *Eligible.*

327 Doazan, fils, *Fermier Général*, petit Hôtel de
Noailles.   *Eligible.*

207 Doc, *ancien Huissier-Priseur*, rue de l'Echelle,
                                       Eligible.

12 Doyen , *Peintre du Roi*, galeries de Louvre.
                                       Eligible.

253 Dombre, *Maitre Perruquier*, rue de l'Echelle.
n°. 12.

239 Donnet, *Marchand Chapelier*, rue S. Honoré,
n°. 515.   *Eligible.*

265 Dorius, *Citoyen*, rue S. Nicaise, n°. 39.

351 Doilot, *Notaire*, rue S. Thomas-du-Louvre. *Elig.*

285 Drouin, *Citoyen*, rue S. Honoré, n°. 532. *Elig.*

483 Dubergier, *Citoyen*, rue S. Honoré, n°. 452.

525 Dubois, *Maitre Luthier*, rue S. Honoré, n°. 473.
                                       Eligible.

546 Dubois, *Médecin des armées du Roi*, rue S. Nicaise.   *Eligible.*

602 Dubois de la Verne, *Avocat en Parlement*, rue
S. Thomas-du-Louvre.

233 Ducazeau, *Citoyen*, rue S. Nicaise.   *Eligible.*

547 Duchesne, *Avocat*, petite place du Carousel,
                                       Eligible.

550 Duchesne, *Receveur des Loteries*, rue de Chartres,
n°, 15.   *Eligible.*

230 Ducornu, *Marchand Drapier*, rue S. Honoré,
n°. 436.   *Eligible.*

605 Dusaye, *Citoyen*, rue de Rohan, n°. 42.

490 Dusau, *Citoyen*, rue de Chartres.   *Eligible.*

489 Dufaut, *Maitre Maréchal*, place du Carousel.
                                       Eligible.

178 Dufour, *Maitre Boulanger*, rue Froidmenteau.
                                       Eligible.

81 Dugygros, *Marchand de cidre*, rue S. Thomas-
du-Louvre.   *Eligible.*

589 Dulon, *Marchand Chapelier*, rue S. Honoré,
n°, 531.

329 Duluc, *Citoyen*, bâtiment des Feuillans. *Eligible.*
27 Demarets, *Maître Tailleur*, rue de Rohan, n°. 19.
Eligible.
573 Dumaniant, *Citoyen*, rue des Quinze-Vingts. *El.*
455 Dumont, *Marchand Tapissier*, rue du Dauphin,
n°. 15. *Eligible.*
277 Dumont Fayon, *Chanoine de S. Louis-du-Louvre.*
Eligible.
694 Duplat, *Huissier*, rue S. Honoré. *Eligible.*
57 Duplessis, *Peintre du Roi*, galeries du Louvre,
rue S. Thomas-du-Louvre. *Eligible.*
278 Dupont, *ancien Lieutenant Particulier du Châ-*
telet, rue du Doyenné. *Eligible.*
367 Dupont, *Marchand Drapier*, rue S. Honoré,
n°. 420. *Eligible.*
673 Dupont, *Maître Perruquier*, rue du Dauphin.
Eligible.
342 Dupré, *Notaire*, rue S. Thomas-du-Louvre,
n°. 26. *Eligible.*
683 Dupré, *Arquebusier*, rue de l'Echelle. *Eligible.*
162 Dupuis, *Jardinier du Roi*, aux Tuileries. *Elig.*
629 Dupuis, *Clincailler*, rue S. Honoré, n°. 448.
Eligible.
596 Durosoir, *Avocat en Parlement*, rue Royale.
435 Duruti, *Citoyen*, rue de Chartres.
150 Dusaulx, *de l'Académie des Inscriptions*, rue S.
Honoré, n°. 445. *Eligible.*
512 Duval, *Marchand Mercier*, guichet neuf. *Elig.*
269 Duvivier, *Graveur des Médailles*, galeries du
Louvre. *Eligible.*
675 Duvivier, *Maître Ferblantier*, rue S. Honoré.
Eligible.
641 Duzan, *Citoyen*, rue S. Nicaise, n°. 7.

E.

151 Efprit, *Avocat en Parlement*, rue S. Thomas-du-Louvre. *Eligible.*

608 Ethingshauffen, *Fleurifte*, rue S. Honoré, n°. 30. *Eligible.*

689 Etiefne, *Confifeur*, rue Froidmanteau, n°. 4.

320 Eudes, *Marchand Horloger*, rue S. Honoré, n°. 392. *Eligible.*

288 Eudes, *Bourgeois*, rue S. Honoré. *Eligible.*

F.

101 Fabre, *Marchand Fayancier*, rue S. Nicaife, n°. 5. *Eligible.*

582 Fagard, *Citoyen*, rue du Doyenné.

6 Fantin, *Greffier de la Prévôté de l'Hôtel*, Cloître S. Nicolas-du-Louvre. *Eligible.*

475 Favier, *Chirurgien du Roi*, rue du Dauphin. *Elig.*

294 Fay, *Citoyen*, rue du Dauphin.

444 Fay, *Citoyen*, rue S. Honoré, n°. 475.

132 Féron, *Marchand de vin*, place du Palais Royal. *Eligible.*

191 Fillot, *Marchand Tailleur*, rue de Chartres, n°. 14.

82 Finot, *Avocat en Parlement*, rue du Dauphin. *Eligible.*

536 Fleurot, *Citoyen*, rue S. Thomas-du-Louvre, n°. 26. *Eligible.*

194 Fleury, *Maître Tailleur*, rue de Chartres. *Eligib.*

293 Floquet, *Citoyen*, rue S. Honoré. *Eligible.*

240 Folloppe pere, *Maître en Pharmacie*, rue S. Honoré, n°. 401. *Eligible.*

559 Fonbonne, *Maître Tailleur*, rue de Montpenfier, n°. 44.

657 Foriat, *Maréchal*, Ecuries d'Orléans.

541 Foffart, *Citoyen*, rue S. Nicaife, n°. 35. *Eligible.*

531 Foulon, *Citoyen*, rue S. Honoré, n°. 435. *Eligib.*

213 Fouque, *Citoyen*, bâtiment des Feuillans.

467 Fourquier, *Commis aux Domaines*, cour de l'Orangerie. *Eligible.*

163 Francœur, *Commis aux Fermes*, rue S. Thomas-
du-Louvre. *Eligible.*

85 François, *Maître Tailleur*, Marché des Quinze-
Vingts.

513 François, *Marchand Mercier*, rue S. Honoré,
n°. 462.

255 Franklin, *Maître Perruquier*, rue S. Thomas-du-
Louvre. *Eligible.*

636 Frémont, *ancien Marchand*, rue S. Honoré. *Elig.*

325 Frin, *Banquier*, rue du Carousel. *Eligible.*

192 Frizon, *Garde-magasin du Roi*, place du Carousel. *Eligible.*

182 Fromont, *Citoyen*, rue S. Honoré, cour du
Dauphin.

578 Fusil, *Citoyen*, rue de Chartres, n°. 67. *Eligible.*

G.

434 Gaigne, *Conseiller à l'Amirauté*, rue du Doyenné.
Eligible.

185 Gambard, *Maître Bourrelier*, rue S. Nicaife. *Elig.*

615 Gandat, *Employé aux Fermes*, rue S. Honoré,
n°. 541. *Eligible.*

678 Ganiot, *Limonadier*, rue de Rohan, n°. 36. *Eligib.*

126 Garnier, *Peintre*, rue Froidmanteau. *Eligible.*

149 Garnier, *Inspecteur des Fermes*, rue du Doyenné,
n°. 9. *Eligible.*

299 Garnier, *Citoyen*, rue S. Honoré, n°. 475.

510 Garnier, *Clerc de Notaire*, rue S. Honoré. *Eligible.*

537 Garnier, *Citoyen*, rue S. Honoré, n°. 516. *Eligib.*

672 Garnier, *Avocat*, rue S. Florentin, n°. 6. *Eligible.*

661 Gavaud, *Négociant*, rue Froidmanteau, n°. 9.
Eligible.

(15)

315 Gautier (Dhautferve), *Citoyen*, rue S. Thomas-
du Louvre.   *Eligible.*

482 Genne, *Marchand Orfévre*, rue S. Louis, n°. 7.
                                              Eligible.

197 Gerardy, *Employé aux Poftes*, rue S. Honoré,
n°. 195.   *Eligible.*

307 Gerel, *Gantier*, rue de l'Echelle, n°. 4. *Eligible.*

98 Gibert jeune, *Notaire*, rue S. Honoré. *Eligible.*

664 Gille, *Citoyen*, rue S. Florentin, n°. 6.

160 Gille, *Médecin*, rue S. Honoré.   *Eligible.*

96 Gillet, *Avocat*, rue S. Honoré.

293 Ginoux, *Direĉteur des Domaines, Procureur-Syn-
dic de l'Adminiftration Provinciale, Département
de Corbeil*, Hôtel de la Valiere , place du petit
Caroufel.   *Eligible.*

289 Girardet, *Maître Perruquier*, rue S. Thomas-du-
Louvre, n°. 11.   *Eligible.*

652 Giroult, *Citoyen*, rue de Rohan.   *Eligible.*

115 Goderiot, *Marchand Chapelier*, rue S. Nicaife.
                                              Eligible.

298 Godard (Debelvoy), *Citoyen*, Cloître S. Nicolas-du-Louvre.   *Eligible.*

375 Gondoin, *Direĉteur des Bâtimens du Roi*, place
du Palais-Royal.   *Eligible.*

15 Gonnon, *ancien Capitoul de Touloufe*, rue du Dauphin.   *Eligible.*

607 Goffe, *Citoyen*, rue S. Honoré, n°. 53.

632 Goffelin, *Citoyen*, rue de l'Echelle, n°. 18.

210 Gourgonier, *Commis de la Régie*, rue S. Nicaife.
                                              Eligible.

360 Grangé, *Mᵈ de vin*, rue Froidmanteau. *Eligible.*

431 Gratepin (Morifot), *Avocat*, rue du Doyenné.
                                              Eligible.

60 Gramaguac, *Médecin*, rue S. Honoré, n°. 464.
                                              Eligible.

389 Greuzard, *Chirurgien*, rue S. Honoré, près S.
Roch.   *Eligible.*

84 Griveau, *ancien Notaire*, rue S. Honoré, n°. 448.
Eligible.

654 Groffy, *Huiffier-Prifeur*, rue Froidmanteau. *Elig.*

219 Guerard, *Marchand Tabletier*, rue de Rohan, n°. 34.
Eligible.

63 Gui, *Cotonier*, rue S. Louis, n°. 4. *Eligible.*

244 Guidamour, *Marchand Orfevre*, rue S. Honoré.
Eligible.

170 Guilin, *Marchand Mercier*, rue de Chartres, n°. 74s
Eligible.

418 Guilbaut, *Fruitier*, rue de Rohan. *Eligible.*

563 Guilliou, *Bonnetier*, rue S. Honoré, n°. 520. *Elig.*

393 Guy, *Grainetier*, rue de l'Echelle. *Eligible.*

214 Guyard, *Citoyen*, rue S. Honoré, n°. 473.

542 Guyon, *Commis à l'Adminiftration*, cloître S. Nicolas.
Eligible.

660 Guyot, *Avocat*, rue S. Honoré, n°. 513. *Eligible.*

H.

600 Haloy, *Menuifier*, cloître S. Thomas-du-Louvre.
Eligible.

488 Hamille, *Traiteur*, place du Palais-Royal. *Eligible.*

79 Haquin, *Limonadier*, place du Palais-Royal, n°. 1.
Eligible.

102 Haquin, *Employé*, rue du Doyenné.

545 Haudebourt, *Marchand de vin*, aux Tuileries. *Eli.*

112 Hautefeuille, *ancien Epicier*, Marché des Quinze-Vingts.

348 Hazon, *Intendant des Bâtimens du Roi*, rue du Dauphin.
Eligible.

144 Henry, *Horloger*, rue S. Thomas-du-Louvre.

572 Henry, *Citoyen*, rue de Rohan, n°. 23. *Eligible.*

190 Herault, *Plombier*, rue S. Honoré, n°. 418. *Elig.*

47 Herigny, *Citoyen*, rue du Dauphin, n°. 6.

612 Heffe, *Relieur*, rue S. Honoré. *Eligible.*

491 Hochard, *Cordonnier*, rue de Rohan, n°. 32.

626 Hottegindre, *ancien Agent de Change*, rue S. Honoré, n°. 510. *Eligible.*

111 Hottot, *Limonadier*, château des Tuileries. *Elig.*

355 Houet Brierre, *Citoyen*, rue de Chartres.

625 Huard, *Garde de la Connétablie*, rue de Valois,
n°. 83. *Eligible.*

627 Huguet du Lys, *Receveur du Tabac*, Hôtel de
Longueville. *Eligible.*

313 Huin, *Vitrier*, rue de Rohan, n°. 25. *Eligible.*

16 Humbert, *Sellier*, rue S. Honoré, n°. 448. *Elig.*

479 Humbert, *Négociant*, rue S. Thomas-du-Louvre,
n°. 35. *Eligible.*

314 Huffenet, *Parfumeur*, rue de Rohan. *Eligible.*

J.

648 Jacqueminet la Valette, *Cordonnier*, rue Montpenfier. *Eligible.*

215 Jadin, *Citoyen*, rue Montpenfier.

1 James, *Receveur à la Loterie*, place du Palais-
Royal. *Eligible.*

561 James, *Mercier*, rue Saint-Honoré. *Eligible.*

179 Janfeins, *Maître Brodeur*, rue de Valois, *Eligible.*

139 Jardin, *Architecte du Roi*, rue du Doyenné, n°. 29.
Eligible.

540 Jardy, *Maître Cordonnier*, rue Saint - Honoré,
n°. 475.

425 Ibert, *Marchand de draps*, place du Palais-
Royal. *Eligible.*

642 Jeanroy, *Médecin*, rue Saint-Nicaife, hôtel d'El-
bœuf.

413 Jourdan, *Chanoine de Saint-Louis-du-Louvre*, rue
Saint-Thomas-du-Louvre. *Eligible.*

422 Jourdan, *Citoyen*, rue de Chartres, n°. 15. *Eligible.*

501 Julian, *Directeur des Domaines*, rue Saint-Thomas-
du-Louvre, n°. 22. *Eligible.*

B

K.

506 Kuffner, *Profeſſeur de Muſique*, rue du Dauphin.
Eligible.

552 Kyggen, *Maître Bottier*, rue de Rohan, n°. 64.
Eligible.

L.

401 Labarre, *Citoyen*, rue S. Honoré, n°. 440. *Eligible.*
207 Laboureur, *Garçon de Caiſſe*, rue Saint-Honoré,
n°. 508.   *Eligible.*
392 Lacombe, *Tailleur*, rue Saint-Nicaiſe, n°. 10. *Elig.*
621 Lacombe, *Citoyen*, rue Saint-Honoré.
662 Lacombe, *Horloger*, rue Saint-Thomas-du-
Louvre, n°. 23.
131 Lacroix, *Logeur*, rue de Chartres.   *Eligible.*
446 Lacroix, *Citoyen*, rue Saint-Nicaiſe, n°. 12. *Elig.*
180 Ladoucette, *Chirurgien*, rue Saint-Honoré, *Elig.*
428 Laflotte, *Marchand Limonadier*, rue Saint-Honoré.   *Eligible.*
159 Lafargue, *Contrôleur des Rentes*, rue de l'Echelle.
Eligible.
638 Lafargue, *Citoyen*, rue de l'Echelle, n°. 11. *Elig.*
308 Lafeuillé, *Commis Mouleur de bois*, rue de Chartres.
188 Lagrenée, *Peintre du Roi*, galerie du Louvre. *Elig.*
493 Lahire, *Marchand de vin*, rue de Rohan, n°. 21.
Eligible.
373 Lammans, *Maître Tailleur*, rue de Rohan, n°. 21.
195 Lamarziere, *Maître Ecrivain*, rue du Doyenné,
n°. 11.   *Eligible.*
69 Lamétherie, *Profeſſeur de Phyſique*, rue Saint-
Nicaiſe, n°. 10.   *Eligible.*
158 Lami, *Horloger*, rue Saint-Thomas-du-Louvre,
n°. 21.   *Eligible.*
247 Lami, *Avocat*, rue du Dauphin, n°. 6. *Eligible.*

487 Lancel, *Contrôleur des Rentes*, rue de l'Echelle, n°. 11. *Eligible.*

398 Langlois, *Marchand de Livres*, rue Saint-Honoré, n°. 480. *Eligible.*

358 Lapipe, *Jardinier de M. le Duc d'Orléans*, rue Saint-Honoré, n°. 531. *Eligible.*

365 Laplanche, *Marchand Mercier*, cul-de-sac du Doyenné, n°. 15. *Eligible.*

343 Larquet, *Citoyen*, rue de Chartres, n°. 13. *Elig.*

41 Laffue, *Maître Tourneur*, rue Saint-Honoré. *Eligible.*

137 Latombelle, *Secrétaire du Gouvernement des Tuileries*, rue de Valois, n°. 50. *Eligible.*

217 Laurent, *Citoyen*, rue Saint-Honoré.

218 Laurent, (Jean-Eloy) *Citoyen*, rue Saint-Honoré.

110 Laurent, *Citoyen*, rue de Chartres, n°. 15. *Eligible.*

407 Laveau, *Maître Tailleur*, rue Saint-Nicaise, n°. 21.

173 Lauvray, *Citoyen*, rue de Chartres, n°. 65. *Elig.*

417 Lavrillat, *Citoyen*, rue Saint-Nicaise.

449 Lebas, *Payeur des Rentes*, rue Royale, n°. 17. *Eligible.*

665 Lebel, *Directeur de la Monnoie*, rue Saint-Honoré, n°. 365.

13 Lebouc, *Directeur des Diligences par eau de Rouen à Paris*, Cloître Saint-Nicolas-du-Louvre, *Eligible.*

297 Leboulanger, *Citoyen*, rue Saint-Honoré, n°. 548. *Eligible.*

502 Lebreton, *Maître Tailleur*, rue Saint-Honoré, n°. 53.

538 Lebrun, *Maître de Langues*, rue de l'Echelle, n°. 16. *Eligible.*

386 Lebrun, *Défricheur*, rue du Doyenné, n°. 15. *Eligible.*

176 Lecarpentier, *Marchand Boucher*, rue de Chartres. *Eligible.*

376 Leclerc, *Maître Tailleur*, cloître Saint-Thomas-du-Louvre.

670 Leclerc, *Chirurgien*, rue Saint-Thomas-du-Louvre.
             Eligible.

687 Lecocq, *Maître Chaircutier*, rue de Chartres. *Elig.*

145 Lecocq, *Officier chez le Roi*, rue de l'Echelle. *Elig.*

391 Lefevre, *Receveur des Loteries*, rue Saint-Honoré,
 n°. 446.   *Eligible.*

216 Lefranc, *Bourgeois*, rue Saint-Honoré.

581 Lefranc, *Citoyen*, rue du Doyenné.

 29 Lefrançois, *Marchand de cidre*, port Saint-Nicolas.
             Eligible.

426 Legendre, *Avocat*, rue de Valois, n°. 50. *Eligible.*

 95 Legrand, *Employé aux Fermes*, rue du Dauphin,
 n°. 7.   *Eligible.*

238 Legrand, *Bourgeois*, rue de Rohan, n°. 40. *Elig.*

691 Lejeune, *Maître Parfumeur*, rue de Chartres. *Elig.*

291 Lejeune, *Maître Tailleur*, rue du Doyenné. *Elig.*

387 Lemiere, *de l'Académie Françoise*, rue du
 Doyenné.   *Eligible.*

685 Lemierre, *Maître Perruquier*, rue de Chartres,
 n°. 13.   *Eligible.*

874 Lemoine, *Marchand Chapellier*, rue de l'Echelle,
 n°. 17.   *Eligible.*

544 Lemoine, *Maître Cordonnier*, rue Saint-Honoré,
 maison de M. Rendu.   *Eligible.*

595 Lemoine, *Citoyen*, rue Saint-Honoré, n°. 513.

370 Lenoir, *Marchand Bonnetier*, rue Saint-Honoré.
             Eligible.

454 Lenoir fils, *Citoyen*, rue Saint-Nicaise, n°. 1.

141 Lepaute, *Horloger du Roi*, rue Saint-Thomas-du-
 Louvre,   *Eligible.*

143 Lepaute neveu, *Horloger du Roi*, rue Saint-
 Thomas-du-Louvre.

555 Leprêtre, *Juré-Crieur*, rue Royale, n°. 17. *Elig.*

 18 Leroy, *Marchand de cidre*, cloître Saint-Thomas-
 du-Louvre,   *Eligible.*

 34 Leroy, *de l'Académie des Sciences*, galerie du
 Louvre,   *Eligible.*

364 Leroy, *Caissier au Trésor-Royal*, cul-de-sac du Doyenné, n°. 24. *Eligible.*

379 Leroy, *ancien Officier du Roi*, rue Saint-Thomas-du-Louvre, n°. 50. *Eligible.*

395 Leroy, *Marchand Limonadier*, rue Saint-Thomas-du-Louvre, *Eligible.*

677 Lesachet, *Marchand Mercier*, rue de Rohan, n°. 26. *Eligible.*

19 Lescot, *Sous-Ingénieur des Ponts & Chaussées*, place de Louis XV. *Éligible.*

409 Lesourd Beauregard, *principal Clerc de M. Gibert, Notaire*, rue Saint-Honoré, n°. 501. *Eligible.*

157 Levacher Duplessis, *Procureur des Comptes*, rue Saint-Thomas-du-Louvre, n°. 26. *Eligible.*

248 Lhermisnier, *Maître Eperonier*, rue Saint-Honoré. *Eligible.*

631 Lhéritier, *Avocat en Parlement*, rue Montpensier, n°. 59. *Eligible.*

591 Lhomme, *ancien Officier du Roi*, rue Royale, n°. 17. *Eligible.*

566 Liebaud, *Marchand Limonadier*, rue Saint-Honoré, n°. 7. *Eligible.*

630 Liebaut, *Commis au Trésor Public*, rue du Doyenné, n°. 29. *Eligible.*

623 Liege, *ancien Apothicaire du Roi*, rue du Dauphin, n°. 10. *Eligible.*

40 Lienard, *Maître Pâtissier*, rue Saint-Honoré. *Elig.*

622 Limbos, *Garde de la Connétablie*, rue Saint-Honoré, n°. 536. *Eligible.*

212 Lioude, *Citoyen*, rue Saint-Nicaise.

220 Longuet, *Maître Chaircuitier*, rue de Rohan. *Eligible.*

109 Lorimier, *ancien Maître de la Chambre aux Deniers*, rue Saint-Honoré, n°. 434. *Eligible.*

466 Loriot, *Limonadier*, rue de Chartres.

522 Loriot, *Bourgeois*, rue Saint-Honoré, n°. 463. *Elig.*

259 Loslin, *Commis des Finances*, rue du Dauphin. *Elig.*

653 Louis, *Receveur des bâtimens des Quinze-vingts*, rue de Valois, n°. 46.   *Eligible.*

223 Luce, *Bourgeois*, rue du Doyenné.   *Eligible.*

437 Luce, *Avocat en Parlement*, rue de l'Echelle, n°. 11.

504 Luce pere, *Greffier au Parlement*, rue de l'Echelle, n°. 11.   *Eligible.*

M

565 Macart, *premier Commis des Domaines*, rue Saint-Honoré, n°. 422.   *Eligible.*

167 Macé, *Marchand Mercier*, rue S. Honoré. *Elig.*

405 Maignen, *Sous Chef des Domaines*, rue Saint-Thomas-du-Louvre, n°. 22.   *Eligible.*

93 Maillard, *Inspecteur du tabac*, rue S. Thomas-du-Louvre.   *Eligible.*

639 Mailly, *Citoyen*, rue Royale, n°. 17. *Eligible.*

470 Maine, *Notaire*, rue S. Honoré. *Eligible.*

174 Mainel, *Citoyen*, rue S. Honoré. *Eligible.*

272 Mairet, *Boulanger*, rue S. Honoré, n°. 459. *Eligible.*

140 Malafigné, *Tailleur*, rue de Rohan. *Eligible.*

166 Manfel, *Perruquier*, rue S. Thomas-du-Louvre. *Eligible.*

252 Maréchal, *Marchand Mercier*, rue S. Honoré. *Eligible.*

281 Maréchal, *Tapiffier*, rue S. Honoré, n°. 508.

518 Maréchalle, *Traiteur*, rue Froidmenteau, n°. 15. *Eligible.*

Marefchal, *M^d de Fer*, porte S. Honoré. *Eligible.*

260 Marigné, *Perruquier*, cour des Princes. *Eligible.*

75 Marlin, *Marchand Epicier*, rue S. Thomas-du-Louvre. *Eligible.*

394 Marmontel, *de l'Académie Françoife*, rue Saint-Honoré. *Eligible.*

412 Maroi, *Citoyen*, rue S. Honoré, n°. 420. *Elig.*

71 Martinau, *Avocat au Confeil*, rue du Doyenné. *Eligible.*

95 Martinet, *Chef de bureau du Tréfor Royal*, rue Froidmenteau, n°. 5. *Eligible.*

620 Martinet, *Citoyen*, rue Froidmenteau, n°. 8. *El.*

86 Maffon, *Gantier*, rue S. Thomas-du-Louvre. *Eligible.*

168 Maffon, *Perruquier*, rue de l'Echelle. *Eligible.*

464 Mathias-Sant, *Perruquier*, rue S. Louis du Louvre. *Eligible.*

88 Mathieu, *dit* le Maran, *Officier d'Adminiſtration de la Marine*, rue de l'Echelle. *Eligible.*

76 Mathieu d'Hendeolsheins, *Notaire*, place du Palais-Royal. *Eligible.*

97 Mathieu, *Marchand Linger*, rue Froidmenteau, n°. 7. *Eligible.*

121 Matis, *Menuiſier*, rue S. Nicaiſe.

356 Maurel, *Bourgeois*, rue S. Thomas-du-Louvre. *Eligible.*

385 Maurice, *Bourgeois*, rue de Rohan, n°. 64.

306 Mayence, *Tailleur*, rue S. Nicaiſe. *Eligible.*

89 Mayere, *dit* Guſtave, *Peintre en mignature*, rue S. Honoré, n°. 508. *Eligible.*

699 Malecot, *ancien Huiſſier-Priſeur*, cloître S. Nicolas-du-Louvre. *Eligible.*

335 Melin, *Intendant de l'Ordre du Saint-Eſprit*, rue du Dauphin. *Eligible.*

336 Melin, fils, *Tréſorier du même Ordre*, rue du Dauphin. *Eligible.*

671 Menudier, *Limonadier*, rue S. Nicaiſe. *Eligible.*

68 Menuret, *Médecin*, rue Saint-Honoré, n°. 510. *Eligible.*

37 Menjaud, *ancien Notaire*, rue S. Honoré, maiſon des Feuillans. *Eligible.*

448 Merie, *Fruitier*, rue S. Honoré, n°. 526. *Elig.*

67 Merlet, *Inſpecteur des Ports*, rue des Orties. *Elig.*

604 Meunier, *Marchand de cidre*, rue du Doyenné, n°. 26. *Eligible.*

383 Michaux, *Bourgeois*, rue du Doyenné, n°. 4.

429 Michault de Larquelay, *ancien Avocat*, rue du Doyenné. *Eligible.*

580 Michelon, *Médecin*, rue S. Honoré, aux Écuries du Roi. *Eligible.*

574 Michot, *Citoyen*, rue de Chartres, n°. 67. *Elig.*

384 Migneret, *Imprimeur à l'Imprimerie Royale*, cul-de-sac Matignon. *Eligible.*

614 Millet, *Receveur à la Ville*, rue S. Honoré, n°. 457. *Eligible.*

361 Millin, *Bourgeois, Maison des Feuillans S. Honoré*, n°. 445. *Eligible.*

114 Minieres, *Jouaillier de la Couronne*, galeries du Louvre. *Eligible.*

321 Monneron, (Pierre-Antoine) *Banquier*, hôtel de Longueville. *Eligible.*

322 Monneron, (Joseph-François) *Inspecteur Général de la Ferme du Tabac*, hôtel de Longueville. *El.*

183 Monnot, *Citoyen*, rue S. Honoré, n°. 496. *Elig.*

245 Monroi, *Maréchal-des-Logis de M. d'Orléans*, rue de Valois, n°. 50. *Eligible.*

280 Morat, *Citoyen*, rue Saint-Thomas-du-Louvre.

199 Moreau, *Ébeniste*, rue de l'Echelle.

222 Moreau, *Notaire*, rue Saint-Honoré. *Eligible.*

262 Moreau, *Tapissier*, rue Saint-Honoré, n°. 398. *Eligible.*

43 Morelet, *Caissier des Domaines*, rue Saint-Honoré, maison des Feuillans. *Eligible.*

520 Morelet, Abbé, *de l'Académie Françoise*, rue Saint-Honoré. *Eligible.*

640 Moriac, *Citoyen*, place du Palais-Royal.

87 Morizot, *Maitre de Pension*, rue Saint-Nicaise. *Eligible.*

99 Morlet, *Marchand Epicier*, rue Saint-Nicaise, n°. 6. *Eligible.*

256 Moté, *Marchand de cidre*, rue du Doyenné. *Eligible.*

628 Motel, *Gantier*, rue de l'Echelle, n°. 12. *Eligible.*

22 Mouchy , *Sculpteur Académicien* , galeries du Louvre. *Eligible.*

549 Mouchy fils, *Citoyen*, galeries du Louvre.

20 Moulin, *ancien Officier de bouche*, rue Saint-Honoré, n°. 463. *Eligible.*

400 Moulin, *Sellier*, rue du Caroufel. *Eligible.*

283 Mové, *Citoyen*, rue S. Nicaife, n°. 3. *Eligible.*

514 Muffon, *Peintre*, rue Saint-Nicaife, n°. 2. *Eligible.*

N.

274 Nadran, *Menuifier*, rue Saint-Thomas-du-Louvre. *Eligible.*

305 Nau, *Commis au Contrôle général*, rue de l'Echelle, n°. 18. *Eligible.*

18 Navarre , *Marchand de vin*, rue de Rohan. *Elig.*

53 Neret, *Apothicaire*, rue Saint-Honoré, près celle Dauphin. *Eligible.*

80 Noel , *Horloger*, rue du Dauphin. *Eligible.*

O.

484 Olivier de Montluçon, *Chevalier de Saint-Louis*, rue Saint-Honoré, n°. 422. *Eligible.*

495 Oudaille , *Citoyen*, rue Saint-Honoré , n°. 464.

52 Oudin , *Fermier des chaifes de Saint Roch* , rue Saint-Honoré , n°. 476. *Eligible.*

317 Oudot, *Marchand Bourfier*, rue Saint-Honoré, n°. 442.

558 Oxoby , *Marchand de chocolat* , paffage Saint-Thomas-du-Louvre.

P.

24 Pagnierre , *Sous-Chef du Contrôle général*, rue Saint Honoré. *Eligible.*

118 Pajou, *Sculpteur du Roi*, rue Froidmanteau, *Elig.*

77 Paltré , *Huiffier à la Chambre des Comptes* , rue Saint-Louis. *Eligible.*

(26)

585 Pape, *Maître Menuisier*, rue de Valois, n°. 78.
Eligible.

354 Pardon, *Citoyen*, rue de l'Echelle, n°. 3. *Eligible.*

330 Parent, *Marchand de vin*, aux Tuileries. *Eligible.*

48 Pasquier, *Peintre du Roi*, galeries du Louvre. *Elig.*

236 Pavier, *Citoyen*, rue Saint-Honoré, n°. 464.

486 Paule, *Maître Tailleur*, rue Saint-Louis, n°. 8.

224 Paulitellagori, *Maître d'armes*, rue Saint-Honoré, n°. 442.

590 Paullin, *Abbé*, rue S. Florentin, n°. 8.   *Eligible.*

106 Paupelin, *Avocat*, rue Saint-Honoré.   *Eligible.*

148 Péanpetit, *Citoyen*, rue de Beaujolois,   *Eligible.*

153 Pecheux, *Maître Tailleur*, rue Saint-Thomas-du-Louvre.   *Eligible.*

61 Pecoul, *Entrepreneur des Bâtimens du Roi*, cul-de-sac S. Thomas-du-Louvre.   *Eligible.*

692 Péguy, *Citoyen*, rue Froidmanteau.

21 Pepin, *Commis Mouleur de bois*, rue Saint-Honoré.
Eligible.

62 Pérignon, *Notaire*, rue Saint-Honoré.   *Eligible.*

62 Perrin, *Maître Menuisier*, rue Froidmanteau. *Elig.*

286 Perrin, *Citoyen*, rue Saint-Honoré, n°. 413.

257 Philippe, *Marchand de vin*, rue Saint-Thomas-du-Louvre.   *Eligible.*

590 Philippe, *Citoyen*, rue Saint-Honoré, n°. 485.
Eligible.

403 Phlippeaut, *Maître Tailleur*, rue de Chartres.

154 Picard, *Maître Menuisier*, rue S. Thomas-du-Louvre.

318 Picard, *Marchand Drapier*, rue de Rohan. *El.*

458 Pierson, *Marchand de vin*, rue de Rohan. *Elig.*

679 Pignard, *Citoyen*, rue Froidmanteau.   *Elig.*

583 Pilois, *Citoyen*, rue S. Florentin, n°. 2.   *Elig.*

528 Pion, *Marchand Fruitier*, rue Froidmanteau, n°. 9,   *Eligible.*

116 Piscatory, *Commis*, rue S. Thomas-du-Louvre.
Eligible.

115 Placet, *Maître Serrurier*, rue de Rohan.

456 Planet, *Maître Cordonnier*, rue S. Louis.

357 Playard, *Orfevre*, rue S. Louis.

200 Pluchet, *Charron du Roi*, petit Carousel. *El.*

279 Poirier, *Marchand de vin*, rue S. Thomas-du-Louvre. *Eligible.*

468 Poisson, *Citoyen*, rue de Valois, n°. 53.

551 Ponteuil, *Citoyen*, rue S. Honoré, n°. 513.

404 Porel, *Avocat*, rue de l'Echelle, n°. 18. *El.*

249 Poret, *Marchand de cheveux*, rue S. Honoré, n°. 141.

688 Portier, *Tapissier*, rue Royale, n°. 19.

411 Pottelet, *Officier de M. d'Orléans*, rue Saint-Thomas-du-Louvre. *Eligible.*

530 Poulain, *Citoyen*, Hôtel de Longueville. *El.*

104 Pousseur, *ancien Tréforier des Troupes*, place du Palais Royal. *Eligible.*

136 Poyet, *Architecte de la Ville*, rue S. Thomas-du-Louvre. *Eligible.*

644 Pradel, *Marchand de soye*, rue S. Nicaise, n°. 9. *Eligible.*

658 Prat, *Commis aux Loteries*, rue de Rohan, n°. 42. *Eligible.*

142 Preslat, *Commissaire au Châtelet*, rue de Rohan, n°. 23. *Eligible.*

9 Prevôt, *Entrepreneur du Pont de Louis XVI*, quai des Tuileries. *Eligible.*

396 Prieur, *Caissier de l'Opéra*, rue S. Nicaise, *El.*

Q.

312 Quatremer, *Marchand Limonadier*, rue du Dauphin. *Eligible.*

452 Quatrefoux de la Motte, *ancien Chanoine*, rue du Doyenné. *Eligible.*

440 Quillez, *Marchand Traiteur*, rue S. Honoré, n°. 524. *Eligible.*

R.

209 Raĉt, *Citoyen*, rue S. Nicaiſe, n°. 8.

206 Raſſet *Maitre Menuiſier*, rue S. Honoré, n°. 473.
Eligible.

790 Raiſſer, *Officier de la Maiſon de M. d'Orléans*,
rue S. Thomas-du-Louvre.　*Eligible.*

319 Raguenet, *Boulanger*, rue S. Thomas-du-Louvre.　*Eligible.*

345 Raulin, *Médecin*, rue de l'Echelle.　*Eligible.*

231 Raveneau, *Marchand Linger*, rue S. Honoré,
n°. 274.　*Eligible.*

408 Ravenet, *Citoyen*, rue de Rohan, n°. 33.

303 Rebillon, *Citoyen*, rue S. Thomas du Louvre.

684 Redon, *Citoyen*, rue S. Honoré.

432 Regnaud, *Négociant*, rue S. Nicaiſe, n°. 11.
Eligible.

196 Regnault, *Commis*, rue S. Honoré, n°. 492.
Eligible.

334 Regnault, *Commis au Tréſor Royal*, rue de
l'Echelle, n°. 6.　*Eligible.*

671 Regnier, *Marchand Grainier*, rue S. Honoré,
n°. 422.　*Eligible.*

579 Remond, *Citoyen*, Hôtel d'Angleterre.

619 Remuſat, *Chirurgien*, rue S. Honoré, marché
des Quinze-Vingts.　*Eligible.*

316 Renard, *Cordonnier*, rue de Rohan, n°. 64.
Eligible.

485 Rendu, *ancien Notaire*, rue S. Honoré.　*Elig.*

105 Renouard, *Marchand d'étoffes*, rue de l'Echelle.
Eligible.

369 Reſnier, *Citoyen*, rue du Doyenné.　*Eligible.*

201 Reſtout, *Peintre du Roi*, Galeries du Louvre.
Eligible.

45 Ribert, *Maitre Boiſſelier*, rue S. Louis.　*Elig.*

171 Richomme, *Marchand de draps*, rue S. Nicaiſe,
n°. 1.　*Eligible.*

295 Rioult , *Marchand Drapier*, rue S. Honoré , n°. 51.   *Eligible.*

414 Riquier, *Serrurier*, rue de Rohan.   *Eligible.*

309 Riviere, *ancien Lieutenant Criminel de Melun*, rue Saint-Nicaife, n°. 36.   *Eligible.*

10 Robert, *Peintre du Roi*, Galeries du Louvre.
                                                      Eligible.

439 Roblatre, *ancien Epicier*, rue S. Honoré. *El.*

527 Roch, *Citoyen*, rue S. Honoré, Hôtel d'Auvergne.   *Eligible.*

577 Rofe, *Marchand Gantier*, rue de Rohan.   *El.*

609 Rochefort, *Citoyen*, rue de l'Echelle. *Eligible.*

55 Roflin, *Peintre du Roi*, Galeries du Louvre.

441 Rotrou, *Caiffier de la Guerre*, rue Froidmanteau, Hôtel Marigny.   *Eligible.*

438 Ronfin, *Echanfon de M. d'Orléans*, rue Saint-Thomas-du-Louvre.   *Eligible.*

442 Rouffeau, *Coeffeur*, rue S. Florentin, n°. 8.

123 Roy, *Horloger*, rue S. Honoré, près celle de l'Echelle.   *Eligible.*

S.

606 Saillet, *Citoyen*, rue S. Louis, n°. 2.

598 Saint-Avit, *Citoyen*, rue S. Honoré.

304 Salmon, *Citoyen*, rue S. Thomas-du-Louvre, Hôtel de Longueville.

282 Salomon, *Citoyen*, rue de Valois, n°. 46.

601 Sauvage, *Citoyen*, rue S. Thomas-du-Louvre.
                                                      Eligible.

371 Savard, *Citoyen*, rue S. Honoré.

232 Schmid, *Tailleur*, rue de Chartres.   *Eligible.*

350 Sabatier de Saint-Marc, *Citoyen*, rue de Chartres, n°. 88.   *Eligible.*

372 Seguin, *Chaircuitier*, rue S. Honoré.   *Eligible.*

54 Ségur, *ci-devant le Comte*, rue S. Florentin. *Elig.*

507 Sellé, *Chirurgien - Herniaire*, rue S. Nicaife, n°. 39.   *Eligible.*

(30)

311 Seveftre, *Infpecteur des Bâtimens du Roi*, rue S. Honoré, n°. 488.   *Eligible.*
682 Servet, *Marchand de Souliers*, rue S. Honoré, n°. 505.   *Eligible.*
186 Siffeton, *Fruitier*, rue S. Honoré, n°. 475. *Elig.*
90 Sikes, *Marchand d'inftrumens de Phyfique*, place du Palais-Royal.   *Eligible.*
138 Sinfray, *Citoyen*, rue S. Honoré, n°. 400. *Elig.*
251 Soiffons, *Toifeur*, rue Royale, n°. 17. *Eligible.*
511 Souhard, *Commis aux Ponts & Chauffées*, quai des Tuileries.
536 Souberbiel, *Chirurgien*, rue S. Honoré, n°. 75.   *Eligible.*
445 Sourdan, *Citoyen*, rue du Dauphin, n°. 41.
436 Sturns, *Citoyen*, rue de Chartres.
617 Suleau, *Vérificateur au Garde-Meuble*, place Louis XV.

T.

647 Taillefer, *Citoyen*, rue S. Honoré, n°. 507.
124 Taiteau, *Marchand Epicier*, rue S. Honoré, n°. 519.   *Eligible.*
663 Talon, *ancien Lieutenant Civil*, rue S. Florentin.   *Eligible.*
324 Tariol, *Maître en Chirurgie*, rue S. Thomas-du-Louvre.   *Eligible.*
229 Tavenet, *Citoyen*, rue S. Honoré.
570 Thevenin, *Citoyen*, rue S. Honoré, n°. 507. *Elig.*
567 Thian, *Marchand Parfumeur*, rue de l'Echelle, n°. 16.   *Eligible.*
569 Thierry, *Citoyen*, rue S. Honoré, n°. 519.
292 Thoman, *Marchand Mercier*, rue S. Nicaife, n°. 10.   *Eligible.*
480 Thuillier, *Citoyen*, rue Froidmanteau, n°. 17.   *Eligible.*
680 Tingry, *Marchand Traiteur*, rue de Rohan. *Elig.*
108 Tinteray, *Marchand de vin*, rue S. Nicaife. *Elig.*

192 Tiphanon, *Maître Luthier*, rue S. Thomas-du-Louvre. *Eligible.*

624 Torcapet, *Piqueur du Roi*, rue du Doyenné, n°. 16. *Eligible.*

669 Touffaint, *Commis aux Fermes*, rue S. Honoré, n°. 474. *Eligible.*

78 Trenar, *ancien Officier du Roi*, rue S. Honoré, n°. 473. *Eligible.*

46 Trezel, *Marchand Epicier*, rue Saint-Honoré, n°. 422. *Eligible.*

V.

562 Walche, *Maître Tailleur*, rue de Chartres, n°. 85.

655 Valby, *Citoyen*, rue S. Nicaife.

227 Vandarfy pere, *Citoyen*, rue S. Honoré, n°. 426.

205 Vanet, *Boulanger*, rue de Rohan, n°. 33. *Eligible.*

505 Varlet, *Tapiffier*, rue S. Honoré, n°. 422. *Eligib.*

524 Varlet, *Marchand de Tabac*, rue S. Louis. *Elig.*

523 Vaudet (Dubois), *Citoyen*, rue S. Nicaife, n°. 39. *Eligible.*

255 Verdiguier, *Chirurgien*, rue S. Thomas-du-Louvre. *Eligible.*

165 Vernet, *Peintre du Roi*, galeries du Louvre. *Elig.*

374 Verjade, *Maître Cordonnier*, rue de Rohan, n°. 33. *Eligible.*

223 Vialard, *Maître Perruquier*, porte S. Honoré, n°. 442. *Eligible.*

310 Viard, *Citoyen*, rue de Rohan, n°. 23. *Eligible.*

51 Vidoine, *Avocat en Parlement*, rue de l'Echelle, n°. 16. *Eligible.*

175 Vigneron, *Employé aux Bâtimens du Roi*, place du Caroufel.

270 Willmotte, *Maître Cordonnier*, rue S. Nicaife, n°. 4. *Eligible.*

14 Vinchon, *Marchand Epicier*, rue Froidmanteau. *Eligible.*

103 Virol, *Chirurgien*, rue du Dauphin.   *Eligible.*
187 Volant, *Citoyen*, rue de Valois.

Arrêtée en conséquence de la Délibération de l'Assemblée des Citoyens actifs de la Section, du 18 Octobre 1790, vérification faite en l'Assemblée du 20 du même mois.

Signé, MENJAUD, *Président.*

BERTEMY, *Secrétaire-Greffier.*

Chez CHARDON, Imprimeur de la Section des Tuileries, rue de la Harpe. 1790.

SUITE DU SUPPLÉMENT.

B.

734 BAUDOUIN, *Député suppléant à l'Assemblée Nationale*, rue Saint-Honoré, maison des Capucins.
Eligible.

726 Bertier, *Maître Perruquier*, rue S. Honoré, n°. 418.

735 Bouchard Defparbez, ci-devant Comte de Jouzac, rue Saint-Honoré, n°. 453. *Eligible.*

C

747 Camus, *Député à l'Assemblée Nationale*, aux Archives de l'Assemblée Nationale. *Eligible.*

722 Charpentier, *Pâtissier-Traiteur*, rue de Rohan, n°. 19. *Eligible.*

739 Charvet, *ancien Inspecteur de la Loterie Royale*, rue des Orties, vis-à-vis l'Imprimerie Royale. *Eligible.*

749 Cliquet, *Citoyen*, rue du Dauphin, n°. 6. *Eligible.*

D.

707 Deconchy, *Procureur au ci-devant Châtelet*, rue de Valois, n°. 50. *Eligible.*

727 Delmales, *Citoyen*, rue Saint-Thomas-du-Louvre, n°. 57. *Eligible.*

714 Doazan, *Citoyen*, rue Saint-Honoré, n°. 449. *Eligible.*

728 Dumont, *Peintre du Roi*, Galerie du Louvre. *Eligible.*

711 Dupleffis, *Chirurgien*, rue de Rohan, n°. 23.

712 Dupuich, *Aumônier du Bataillon*, aux Feuillans. *Eligible.*

G.

719 Garat, *ci-devant Chanoine de S. Louis du Louvre*, Cloître Saint-Nicolas-du-Louvre.

(2)

723 Gervais, *Aubergiste*, rue de Valois, n.os 81 & 82.
Eligible.

745 Gobilliard, *Chandelier*, rue Saint-Honoré, n°. 142.
Eligible.

736 Gosselin, *Inspecteur des Tuileries*, cour des Suisses.
Eligible.

720 Grancher, *ci-devant Chanoine de S. Louis du Louvre*, cloître Saint-Louis.
Eligible.

H.

721 Houblin, *Pâtissier-Traiteur*, rue de Rohan, n°. 19.
Eligible.

J.

710 Jolly, *Maître Perruquier*, rue du Dauphin, n°. 15.
Eligible.

L.

741 Lebrun-de-Rochemont, *Défricheur*, rue Saint-Louis-du-Louvre, n°. 15.
Eligible.

743 Ledoyen, *Traiteur*, cul-de-sac de l'Orangerie.
Eligible.

737 Lerouge, *Citoyen*, rue Royale, n°. 17.

709 Lesemelier, *Citoyen*, rue Saint-Honoré, n°. 448.
Eligible.

750 Lumière, *Citoyen*, rue du Doyenné.

733 Lubin, *Chef de Bureau*, rue Saint-Honoré, n°. 82.
Eligible.

M.

708 Martinet, *Citoyen*, rue Froidmanteau, n°. 8.

738 Maubert, *Citoyen*, rue S. Honoré, n°. 16. *Eligible.*

718 Maurielle, *Citoyen*, rue Saint-Thomas-du-Louvre, aux Écuries d'Orléans.

713 Mayeux, *Maître Paulmier*, rue Saint-Florentin.
Eligible.

P.

740 Pauchet, *Commis au Trésor Royal*, rue de Rohan, n°. 17.
Eligible.

725 Pays, *Avocat en Parlement*, rue du Doyenné,
n°. 4. *Eligible.*

748 Perraud, *Citoyen*, rue S. Honoré, n°. 16. *Eligible.*

724 Picque, *Cultivateur, ci-devant Médecin*, rue Saint-
Honoré, n°. 442. *Eligible.*

746 Polbos, *Limonadier*, rue de Valois, n°. 52.

R.

731 Renard, *Inspecteur des Bâtimens du Roi*, rue
Saint-Nicaise. *Eligible.*

715 Richard, *Citoyen*, rue Saint-Honoré, n°. 473.

717 Roussel, *Homme de Loi*, rue de l'Echelle, n°. 3.
Eligible.

732 Roussel, *Citoyen*, rue S. Honoré, n°. 82. *Eligible.*

744 Roussin, *Maître Sellier*, rue & place du Carrousel.
Eligible.

S.

742 Silvestre fils, *Bibliothécaire de Monsieur*, galerie
du Louvre. *Eligible.*

T.

730 Thibaudier, *Receveur du droit d'enregistrement*,
rue Froidmanteau, n°. 13. *Eligible.*

V.

716 Varney, *Homme de Loi*, rue Saint-Thomas-du-
Louvre, n°. 51. *Eligible.*

729 Vincent, *Piqueur*, rue Saint-Thomas-du-Louvre,
aux Ecuries d'Orléans.